EL SIMULACRO INQUIETANTE

EL SIMULACRO INQUIETANTE

LEÓN CUEVAS

Valparaíso
EDICIONES

Número 492 de la Colección VALPARAÍSO DE POESÍA
dirigida por FEDERICO DÍAZ-GRANADOS

Diseño de colección: Chari Nogales
Maquetación: Carlos Henson

Primera edición: Junio de 2025

© De los poemas: León Cuevas
© Diseño de portada: Luis Chumpitaz

© Valparaíso Ediciones
   C/ Fray Leopoldo, 7 bajo, 18014 Granada
   www.valparaisoediciones.es

   ISBN: 979-13-87538-50-7
   Depósito Legal: GR 657-2025

   Impreso en España - *Printed in Spain*
   Gráficas Gami

El papel utilizado para la impresión de este libro está calificado como papel ecológico y procede de bosques gestionados de manera sostenible

EL SIMULACRO INQUIETANTE

La estética se adentra hasta por el último escondrijo, la última grieta de nuestro mundo, al mismo tiempo que la obra de arte desaparece.
ZYGMUNT BAUMAN

El mascarón. ¡Mirad el mascarón!
¡Qué ola de fango y luciérnaga sobre Nueva York!
FEDERICO GARCÍA LORCA

MIENTRAS EL SILENCIO SE CUARTEA

Solo en julio me gusta ir a las galerías de arte,
cuando se nubla,
buen momento
de recordar
lo estático que estamos avanzando,
porque en la tormenta
lucen más las esculturas,
justo cuando la gente
se cubre,
y la corriente cuesta abajo
entre calles,
nos recuerda
que la vida es más efímera que fugaz.
El verano como performance
donde hienas aprovechan
la abundancia de comida,
saben que somos moribundos,
y creemos que en las gotas
está la realidad,
que al mojarnos
harán pesada
la ropa y las heridas,
 justo en periodo
de descanso,
cuando silencios de agosto
asechan,
hay mentes
que brillan,

rapaces, atentas y
responsables
de que el frío
se confunda
con la lluvia,
y al calor de las nubes
un rayo débil, solar,
alumbra
que cada obra,
atascada,
pasiva
y erudita,
no era más
que un picaporte
sin pase de salida,
y además,
sin fecha de caducidad.

EL SIMULACRO INQUIETANTE

Cuando al humano se le asignó la libertad
en vez de elegir,
eligió colarla por los bordes
de torres blancas,
tejer discursos,
   que entrelazan,
   se persiguen
pero jamás se gozan.
   Los marcos en paredes
quedaron de ayeres al atrás
dejando tan libre el espacio,
y como buen ser humano,
no supo labrar en tanta libertad,

la instalación un sueño lúcido
que al inicio llegó salvando,
para salvarnos de sí,
como ver un jardín de otro tiempo mañana,
como ver aquello que se esconde
en la inmensidad más deforme,
florece a ciegas
a los ojos tuertos y necios,
y solo quien las crea
se cree dueño
de las dimensiones,
en lo creado,
del espacio,
del tiempo,

y esculpe
la incertidumbre,
para que el destino
se rehúse,
para que las lenguas
se reciclen,
en el habla y el argumento,
categorías que no categorizan
al hablar,
y todo a la vez inquieta,
como simula un paso
estático y apresurado,
simulándose al andar:
El arte un simulacro,
    la libertad un simulacro,
        el espacio un simulacro.

ASALTO A MEDIA NOCHE
A LA FÁBRICA DE SUEÑOS

Hacer de tu vida
una juguetería
y mandar tú mismo
robarla,
para robarte de noche
y amanecer
con la ilusión de ser justo;
en luz compresa
vive un reino inflable,
pesado cual globo,
como el perrito inflable que cargas,
mientras criticabas al mal gusto,
al delirio popular, al kitsch,
y de paso,
leyendo un contrato,
un conejo es tu notario,
un conejo que se reproduce
a la velocidad de la luz,
y sus cientos de crías
trabajan haciendo
heces de colores,
cagando levedad,
para que te sientes
en las nubes.
Así de fácil
tener fábrica con langostas,
para que junto a los conejos

trabajen a mitad de la noche,
lo que tu pensaste
en desvelos doctorales;
una fábrica nocturna
e inundar de cromo el día;
tus animales
tienen habilidades
también de los payasos,
para hacer figuras
de globos, en ligero metal,
perros felices,
sin cara,
y figuras que forman
un altar,
para llevarte flotando
a Nueva York, a París, a Tokio,
de museo en museo,
llegas en inflables sueños,
asaltando nubes,
asaltando cheques,
asaltando las sombras
de todos y cada uno
de tus animales,
asaltando es fácil asaltar,
al final
va a reconstruirse,
y lo mejor,
es que pasará mientras duermes.
Tus conejos siguen
defecando libertad,
para que al amanecer,

en pijama de peluche,
te levantes
a abrazar tu altar,
abrazar todo aquello
que al final
también robarás de ti.

TRAZO UN POEMA, ESCRIBO UN DIBUJO Y EN AMBOS FRACASO

Aprendí a andar en bicicleta
un domingo por la tarde,
no hay peor momento
para aprender que el domingo,
porque es sensación
de una vida acabando
cuando apenas vas
en el arranque,
así como cuando
pedaleas por primera vez
y caes,   pero con descenso
que dura la vida entera.
   El único que entiende es el artista Bas Jan Ader,
él estudió la gravedad y desde ahí
sólo le sucede un atardecer,
   Bas Jan Ader cae junto a mí,
   caemos al río, por el techo y al fondo de los abismos,
caemos al no escribir, dibujar o sostener equilibrio,
   al saber que no venderemos nuestras caídas,

               que nos conformamos con
          saber que alguien nos va a grabar.

LIGHT

Meridiano de noche
a plena luz del día,
trópico ambulante,

una persona muere
sin que el mundo sepa,
al consumir
sustitutos de carne,
sustitutos de leche,
o en el peor de los casos,
sustitutos de arte,

su muerte se
convierte en una
nueva obra,
porque el embazado
  nos recuerda
    qué tan light
      es nuestra presencia
                en la vida,

y en qué punto somos
sustitutos de alguien más…

MUERTE POR ARGUMENTO

Morir jamás fue abstracto

es claro, pop art,
un código de barras
que comes cuando
derrochas,
    morir siempre es por exceso.
        Daniela Edburg lo vio
        antes que nadie,
        antes que la misma muerte.
Morir de jalea,
morir de chocolate con galleta,
morir por ir al súper mercado,
por meterte a tu alberca inflable un domingo,
Daniela Edburg lo supo y firmó con tinta imposible
un contrato funerario para ser eterna,
una firma burocrática con azúcar y tinta de algodón,
un proceso de plata sobre gelatina,
analógico, en cromo o digital,
un enfoque a la abundancia.
Daniela es la única entre los mundos
  que parte de argumentos,   e imprime estampas
  de cómo vamos a partir.

EL MITO DE SÍSIFO SEGÚN
FRANCIS ALŸS

Y crecer por crecer
es crear por crear,
la metralla apunta y
nace una ave de litio,
para tejer el contraste,
para cocer la tragedia,
empujarla cuesta arriba
como una pieza de hielo
por la ciudad.
Cuestionar el absurdo
es repetido,
cuesta al abismo
es cliché,
costumbres de niños
es dolor,
ser adulto cuesta arriba
es cliché y repetido,
cuestionar el recuerdo,
eso sí es absurdo.
Crear por crear
es crecer por crecer,
la persona apunta y
nace una sombra
a mitad de la plaza,
a mitad de la lengua,
en francés un suvenir,
caminar en inglés,

mirar el asta bandera
en mandarín y en chilango austral,
porque el habla no sirve
cuando va en línea,
pues acurrucarse
cuesta arriba es
la cima al abismo,
para así subir
el borde de un hilo,
de una cometa
que sostiene aquel niño
en el corazón de Afganistán,
que se eleva hasta Suecia,
Hong Kong,
Sudáfrica, Irak, Congo,
Alemania, Israel, Palestina,
Y siempre cae,
crecer por crecer es caerse,
en picada y repetirse,
mutilar el piso
es un juego de niños,
y los niños
juegan entre sus ruinas
y cicatrices,
ellos juegan soltando
animales al filo
de los museos,
soltando
un zorro al filo de los marcos
de un cuadro que cuesta millones;
la metralla apunta,

la persona compra,
y bajo el tráfico de especies,
la teoría de la involución,
sobre el tráfico de acuerdos,
de recuerdos,
que no les queda a los niños
más que crearse una
infancia,
y crecer por crecer...

y repetir por repetir

CADUCIDAD DE LA FE

Una vitrina farmacéutica
vende colores que curan,
vende tiburones
en tabletas, vitamina ultramar,
vende rebaños en jarabe
partidos a medias,
un cenicero gigante
del que emergen
palomas y gansos,
pero hay algo
que en las instrucciones
de cada medicina
olvidan poner,
y a la vez en cada ficha,   o texto curatorial:
los colores también caducan,
como la magia y la creencia,
por más que florezcan
tiburones en vitrinas,
cada cuerpo es un placebo,
y si culmina la fecha de cura,
¿qué nos queda?
¿Qué hay más allá?
Dejarnos llevar al vacío,   la muerte,
que cada ser humano,
nazca en taxidermia
y sea planta
tras las estanterías,
que cada persona

renazca en formol,
en frascos de esperanzas.
se subasten cual carnada
de mercados globales,
¿qué nos queda entonces?
La incertidumbre,
de caducarnos en vida,
y en cuanto caducamos
volvernos muebles,
si caduca también el arte,
quién traficará
con los cadáveres de artistas,
somos cura breve,
«posmodernismos»…
servimos por rumor,
nacimos por desecho.

DE QUÉ HABLO CUANDO HABLO DE POSTMODERNIDAD

De París a Nueva York, a paso veloz,   áspero,
        que duró tan poco,
          y a la vez
          pasó tanto,
        se dieron pasos,
      pasando casos, siempre pasados,
En París se montó un cartel,
Nueva York le puso encima un sticker,
París cubrió el sticker con otro cartel,
en tres minutos la pared
era collage, las décadas
pegadas, descarapeladas,
y entre las grietas, la prisa,
un mapa que va a la nada,
con brújula solo a París-Nueva York,
    aunque en turno se hundan Tokio, Berlín, Seúl, Madrid,
    toda capital retórica,
sepultada bajo el papel,

      y sobre lienzos urbanos, esténciles, mosaicos,
toda forma de tapar el tiempo para
no descifrar si este por correr no avanza,
  si por avanzar no corre,
y sin saberlo causa derrumbe en la pared,
sin tumbar límites ni muros,
no hay ruptura, hay grietas,
se cubren con parches,
para las heridas del Siglo XX,

de la postguerra,
se compran más
y más parches, pegotes,
viniles autoadheribles,
bandas y curitas,
las grietas van creciendo,
simulando
realidades
que no van a aguantar.

LA VENUS DE EMERGENCIA

Pude elegir cualquier cosa,
pero me tocó gritar,
buscar mi figura
en la arena
y los bordes náuticos,
me exigen a gritos
ser objeto, Venus.
Pero el sol
alumbra nada más
lo que me falta
y no lo que prometo ser.
No hay un diploma
para firmar
que se me esculpa una vida,
con suerte
mi tristeza
será fotografía,
y ganará una bienal

TRIPOFOBIA

Hay agujeros
que causan malos sueños:
el pozo de Kola,
el hoyo de Mel,
el pozo de Barhout,
la fosa de las Marianas.
Otros agujeros
succionan en las aguas,
algunos agujeros negros
succionan
al fondo del espacio;
la profundidad atrae
al misterio
y al fondo
la intriga espera.
Sólo una persona
con suficiente tripofobia
es capaz de cocer todos
los agujeros
para volverlos instalación,
hacer del infierno
un tajo
minimalista,
psicodélico,
y de la vida,
psicodelia
abismal,
mínima,

desde
epicentro
y núcleos
por fuerza de
gravedad, en
las palabras,
los cuadros,
puntillismos
repulsivos
que seducen
  a cualquier
    espectador
       que buscaba o no
el discurso del enigma, el interior de la caverna, la insólita
  incidencia,
que pierde impacto si surge a la luz, pero gana
  presupuesto, y a veces,
un elogiar salido de órbita/ sobrando elogios, de arte en sobre,
y de estética que sobra…

RONDAN LOS ESPEJOS EN LA FERIA

¿El espejo en la feria
o la feria en el espejo?
reflejando el corazón
de la venta misma
y la política,
aunque
¨políticos y vendedores
ausenten de corazón»,
otra vuelta,
 no cabe de impacto
sino de ingreso,
a veces de salario,
y el discurso vomita
y succiona entradas,
ingresan discursos,
nos venden vómito, nos venden ecos,
donde se refleja todo
menos propuestas;
políticos,
galeristas,
coleccionistas,
curadores,
directores de museos,
magnates,
críticos,
museógrafos,
todos se toman una selfie,
la ilusión hace creer

que por espectador eres artista,
ahora eres la exposición,
el espejo no es de todos,
aunque no hay sentido si lo es,
reflejo en tablero de ajedrez
donde pierde toda pieza,
cada jaque es inversión,
el lenguaje al frente de batalla,
y cada pieza de color snob,
cada cuadro del tablero en fashion
 más que juego es pasarela,
más que jugada, pasarela,
más que museo, pasarela,
   y al final,
¿a cuántos nos despluman apariencia…
a cambio…   de más espejos?

NADA

La caja vacía a Gabriel Orozco
le costó un lugar en la bienal de Viena,
y años de condena,
la policía de la crítica
lo encerró en prisión
de puertas abiertas,
de bordes nihilistas,
mientras la guardia
se llevaría su peligrosa tajada.
  El asunto es,
tras la condena,
me tropecé con la caja,
creyendo que era nada,
sin querer,
me tropecé con la nada,
sin ser Heiddeger,
Sartre o Gabriel Orozco,
simple mortal,
destruí la evidencia,
pero,
¿y si compraba otra caja?
¿Sería capaz de crear la nada?
¿Me condenarían como
el nuevo artista del siglo?
¿La crítica me
destazaría a elogios?
¿Sería acaso Pierre Menard
y me acusarían de plagio?

Camaleón de burla,
el robo del siglo
por pisar la nada, sin hacer nada,
y nada pasa,
el tiempo me nombra
no apto, para el uso del
diálogo, la inmortalidad,
el nihilismo.
Si supieran, que en mi casa
hay tantas cajas de zapatos
iguales a esta, de todas formas,
no pasaría nada,
al no ser nadie, más que
el tipo que pisó la caja,
la guardia crítica llegará y
no encontrará nada,
en ese espacio
no hubo nadie,
y me voy sabiendo solo,
que pasé
etéreo,
sin ser inmortal,
Sartre, Heiddeger,
mucho menos
seré
Marcel Duchamp,
curioso…
Gabriel Orozco tampoco.

CREMASTER 6

Un capítulo prohibido
o tal vez olvidado, sin embargo inédito,
guion apócrifo
hipersexualizado,
inédito por ser borroso,
en donde todo se dice
  mientras más se calle,
y se exhiba en series, de esculturas, de películas,
series que exhiben otras series,
al alcance de todo
pero no de todo público.
Un capítulo extraño
está por destaparse,
  ¿cuántas mentes abrirá?
  ¿Qué verdades nos viene a romper?
O en el mejor de los casos,
                a engañar.

MEMENTO MORI

El artista busca ser perpetuo,
sabe de sus días contados,
el artista eleva todo
menos su eternidad,
crea colectivos
pero quiere triunfo individual,
aunque en manada
lo que más se cuidan
es la urgencia
de imprimir sus huellas,
el artista aspira a esculturas
pero esculpe performances,
funde metal en *fluxus*
y de sus manos todo se le escurre.
El artista le teme al día
cuando apenas y carga
el insomnio del vaciado
en bronce,
crea corrientes y movimientos
por temor al pantano,
teme a ser piedra y por eso esculpe,
ganarle a Medusa, no mirar
atrás para no ser de sales,
y cuando no hay metal,
madera o barro,
el artista esculpe con minutos,
imprime tiempo en los tórculos
por pánico a morir en un lienzo

con imprimatura en el olvido,
el artista copia,
interviene, se apropia,
para ahorrar tiempo,
las hojas de su bitácora
se van acabando,
lo que el artista no sabe
es que la muerte lo admira,
y silenciosa compra sus obras,
cual Moira ayuda a cortar
el listón en inauguraciones
y le ayuda a embalar sus piezas
para la siguiente bienal,
la muerte junto con el artista
también odia al curador,
al museógrafo, al crítico,
al coleccionista
que no quiere comprarle
un frasco con aire
ni saltos conceptuales.
El artista va veloz,
cual motociclista,
futurista, anarquista,
por eso ya no sigue
esculpiendo,
imprimiendo estampa,
tallando series
ni placas,
provocar ahorra tiempo,
arte objeto, objeto intervenido,
todo lo que

des-con-tex-tua-li-ce
y escatime,
porque está la prontitud
con ficha técnica
y sin enmarcar,
acaba sin saber
que la muerte
lo contempla,
paciente, sosegada,
repentinamente costumbrista.

FRAGILIDAD

Construimos edificios,
les deseamos perpetuidad,
construimos arte frágil
que dura mitad de un siglo,
y a la siguiente bienal,
cambiamos de piel,
construimos lenguajes,
le cimentamos bases
y cambian de clima,
construimos una sociedad
que consume,
se siente eterna,
consume edificios,
consume palabras,
y rara vez consume arte,
por eso tal vez consume,

el arte construye
reflexión que
critica a la sociedad,
cuestiona la eternidad
y se cimienta en
lo efímero,
el arte destruye
al consumismo
pero consume.
Construimos
arte para

reflexionar
sobre edificios
que cimientan
sociedades,

deseamos que
el consumismo
sea efímero,
que el arte sea
perpetuo,
pero en vez de consumir arte,
nos destruimos,
la piel de las obras
está rota,
y es porque los artistas
se consumen, se destruyen,
unos a otros, en vez de construirse,
los crían para la guerra desde que nacen,
y no están listos,
para el derrumbe y lo que viene después,
cual piezas
frágiles de bienal,
destruimos edificios
y construimos nuevos,

cambiamos de piel a la sociedad,
y los artistas se rompen,
si el arte se construye,
si la reflexión se reconstruye,
nadie vive para verlo, pues

solo nos consumimos

...

ROSA BRITÁNICO

Banksy metió un elefante africano
a un cuarto en California
y lo pintó de rosa británico,
para exhibir la pobreza,
empobrecer a un museo.
Multitudes rodeaban el sitio
estallando en pancartas,
«los derechos animales,
humanos, los derechos
de los colores» –gritaban…
Tal vez Banksy
fue un ataque voraz,
tal vez fue inhumano
al romper los derechos
animales por usar un color,
sólo estaba seguro de dos cosas,
que el cuarto mimetizaba
de empático rosa,
y que las mismas personas
financiando la marcha,   y marchando
apedreaban al mismo elefante
en las filas del zoológico,   una semana atrás.

HAY ALGUIEN TRAS DE MÍ ESTA NOCHE
Y TRAS MI CASA DE CAMPAÑA TAMBIÉN

Desde niña, Tracey Emin construyó
un iglú en el jardín de su casa,
un refugio con bolsa de dormir,
 como amuleto
contra fantasmas,
el iglú tenía chimenea
de una casa de campaña,
y en ella su abuela
entraba a contarle historias.

Al marchitarse la abuela
Tracey tuvo que
sustituirla con cada
espíritu del mundo,
uno a uno, los entes
poseían su morada,
y con cada fantasma
se acostó,
cada uno
cocía con tela
su nombre,
amigos, familiares,
toda sombra
que pasaba con ella
la noche, le penetraba
siempre su nombre.

Una noche
de 1995, Tracey Emin
decidió cerrar su guarida,
por fin logró salirse,
y poner un sello
a prueba de almas.

Hoy en día,
cada espectador visita
su casa, anhelando
ser un ente que desnuda
su nombre e intimida
a la vez con el alma de Tracey Emin,
cada espectador
en la galería
donde está ahora
la casa de campaña,
se vuelve de caliente
y viscoso ectoplasma,
penetra su identidad
en una monstruosa
curaduría, y en un
siniestro mapa museográfico.
Toda persona, ánima o animal
ignora la frase de advertencia,
cocida a un pasado reciente

*Hay alguien tras de mí esta noche, tal vez quien olvidé
anotar, hay alguien tras de mí esta noche y tras mi casa
de campaña también, ese alguien eres tú.*

HAUS U R

Exhibir tu espacio,
los rincones más
íntimos, sombríos,
por el precio de bienales,
ganar aplausos que hacen
eco en millón de euros,
entrar a tu propia casa
que estuvo a la vez
abandonada,   es entrar en ti,
mirar un cadáver,
a mitad de tu espacio,
que no puedes exponer,
      sólo exhibir.
                            Si
                  interviniéramos
                  nuestro espacio,
                        mostrar
                  cada escena del crimen
                        que vive
                  en el fondo de nosotros,
                        que como
nuestros secretos,   son y somos,   el morir
                  protagonista

Not work, make rooms,
not war, make rooms,
not art, make rooms
und
Sprich mit meinem Haus

Hacer de tu crimen
profunda y pública
la vista de pasillos,
de huecos en la infancia,
muertos en la casa,
paredes blancas,
con gente viva en el concreto y enterrada,
que te esperan a mitad del discurso,   *Angst!*

 atrapado en ti, en tu morada,   en tu obra de arte,
                    Angst!
  ansiedad minimalista,
contra armonías barrocas,
una pared craquelada, no puede leerse, solo exhibirse,
                       tan solo exhibirse,
              iluminando nuestras heridas
iluminando nuestra demencia,
pues   afuera de casa   es todo   oscuridad.

EL GENOMA FOSFORESCENTE

Un grupo de científicos
observan,
contemplan.
estudian,
la primera obra de arte clonada,
la miran incrédulos,
una obra que
respira por sí misma,
la ciencia al servicio del arte,
el arte por el arte, al servicio
de las ciencias,
a cuestiones éticas
la estética pone jaque,

Eduardo Kac entre los científicos
inyecta genes a la obra,
la obra comienza a partirse,
mitosis híbrida
en proyección,
cual radiografía
brillan sus genes,
como manantial de estrellas
la obra mira a los científicos
y a Eduardo Kac,
mientras ellos la observan
esta aprendió a decir
sus primeros nombres,
a memorizarse el ADN
de sus espectadores,

la obra
conoce el lenguaje
de las medusas,
un latín celenterado,
sabe secretos arbóreos,
los científicos y Eduardo Kac
sabrán tantas cosas,
pero la obra de arte, clonada, partida,
fosforescente, transgénica en su contra,
sabe que nuestro mundo
físico que conocemos,
por la mano de la ciencia
llegará a lo adulterado,
y por el del arte
al punto catártico,

se irá al fondo, y sin volver a brillar.

LA PIEZA INCOMPLETA

Un ave atrapada en vuelo,
se pregunta si va a aterrizar,
vuela en formol,
entre oraciones
que predican curadores,
a mitad del museo,
a mitad de una misa,
porque su vuelo
crea más preguntas
que esperanzas,
por presa de alas
y encierro al volar,
incompleto aleteo,
no lo salva el discurso,
las palabras, los museógrafos,
los sacerdotes católicos,
ni los curadores expertos,
porque no hay nada más incompleto
que una paloma blanca creyendo que vuela,
porque no hay nada más inhumano,
que negociar con la muerte
y vendernos la ilusión.

ZONA P

O el lienzo disuelto,
textura escurrida
en una esquina
de un solvente
a punto de escurrir
pinceles castigados,
godetes y espátulas
cumpliendo un ciclo falso,
disfrazan de herramientas
escolares para kínder,
guardados
junto a los crayones,
donde se dibuja
al no poder caer,
como el dulce atrae
a las moscas,
el vacío atrapa
a quienes no pueden
trazar, y las líneas
son la selva,
en degradación
de atmósferas
y torres sonoras;
el lienzo en cambio, mudo y sofisticado,
tiene las imprimaturas de los años,
y la gravedad
de un planeta olvidado,
en una esquina neón de Dan Flavin

exiliaban a Anselm Kiefer,
a Miquel Barceló, a Fabian Marcaccio,
a Arnulf Rainer, buscando
a los fantasmas de Warhol, Basquiat y Jackson Pollock,
pintando sobre un amanecer
entre anillos de Saturno,
mientras la tierra se destruía
en estallido conceptual,
en bombas de antimateria
pigmentada con basura
e instalaciones de escaleras
que no llevaban
a ningún sentido,
y la imagen fue más
pieza de museo,   tal vez encerrada
                       entre los cielos,
              la prisión fantasma,
                       en un sol olvidado de mañana...

LA MAMÁ DE LAS ARAÑAS

No es lo mismo la araña madre,
a que en la madre nos arañan,
simple retórica, filosófica, pragmática, semiótica
abusos de adjetivo,
o de significantes,
la araña contiene en sus patas
todo significado y explicación,
como darse el lujo de viajar,
por Bilbao, Ciudad de México, el puente de Brooklyn,
   Sídney,
depositar huevecillos de escultura;
 las arañas bebés
sueltas por galerías,
bienales, ferias de arte,   .
tejiendo telarañas de resina,
comiéndose enjambres semánticos
que analizan elementos de la forma,
bebés arácnidas a comerse
la composición
y el equilibrio de una obra,
la madre es la gran araña,
o la madre es Louis Bourgeois
con apegos maternos,
y fobia a las galerías de arte,
 o con fobias al apego,
pero bordando
lo indispensable,
la araña es el Teseo

en el laberinto
mercantil que
se forma en las colecciones,
es la heroína
que puede salvar,
haciendo y cortando,
el hilo de oración,
que se vuelve boceto,
después molde de yeso,
de metal o de argumento,
para salir y devorar
a sus presas, a los críticos,
de vez en cuando
a algún espectador despistado.
aunque se sabe,
que la primera presa
fue el concepto de su natalidad.

CONTRASTES EN EXCESO

Todo artista superó la infancia,
algunos la pubertad,
ya no miran «dibujos animados»,
mucho menos les excita el hentai,
todo artista ya es traductor,
del cine de culto,
la alta literatura,
la alta literatura,
hay artistas que le temen al diseño
a que los confundan con artesanos,
les alteran los destierros,
pero no a Takashi Murakami
surgiendo de un país desterrado,
donde pegaban sonrisas a las faldas del hambre,
la muerte supervisaba su isla
para buscar en los escombros
y llevarse nuevos reclutas,
mientras crecían las flores
en los restos de las vías perdidas
en un yin-yang de constante giro,
Murakami con la inocencia
de un soldado sin infancia
fue artesano, diseñando lo que viene,
a mitad de un cerezo, un templo, un kimono
y brotó muriendo,
brotaron las flores
como fin al ayer,
brotaron dibujos hentai

soplando velos perversos,
brotó el arte
como marcas,
sin prejuicio,
   de un jardín con risas artificiales
   y orgánica alegría,
a la pantalla grande,
   a accesorios de BlackPink
   o pañales con propuesta filosófica

la inocencia pudo
lo que la crítica no,
sonreírle al exceso
y entre dientes
contrastar al destino,
diseñándole a la muerte
un sello comercial.

MULTIMEDIA PLAY

Reglas del juego:
no QUEDARTE en tu lugar,
no imitar,
prohibida LA vanguardia,
la posvanguardia,
la neovanguardia,
el postconceptual Art,
todo intento de ruptura provocará que te disparen
😊 /😖 > 😖 > 😊 > 😖 <

Ahora que lo sabes estás dispuesto a entrar
_____ < __
>

Estás en el cuarto nivel del MoMa, en donde florecen consolas
¿eres fan de los videojuegos? Puedes jugar con la que
quieras
CON LA QUE MÁS DESEAS
Pero > pero > pero zZ > PeR0------------
Te están apuntando Corey Arcangel y Space Invader.
Ambos con pistolas de Nintendo.
Te darán un tiro
como a Andy Warhol
Tu misión es llegar al sexto nivel del MoMa.
Tomar la fórmula del arte contemporáneo.
Salir ileso.

Y volverte todo menos un artista. TODO MENOS
  UN POETA.
Pues a los artistas los odia el mundo entero,
empezando por los mismos artistas,
que se comen unos a otros,
o se disparan,
o se lanzan flores
pues todos sueñan por llegar a donde estás,
al MoMa, al MoMa, al MoMa,
y se matan mientras se están elogiando,
y se disparan cuando se hacen el amor,
unos a otros visitan sus respectivas exposiciones,
llegan, se beben el vino
y escupen en silencio.

                              Ahora que lo sabes
    eres una propuesta más,
       tu suerte al basurero,
            un concepto a la nada,
un emoji en 8 bit, en la mira de dos artistas visuales
    que no sabes
que te asechan, no te preocupes,
                        ellos tampoco saben quién eres,
solo envidian lo que tienes,
    esa suerte divina de ser 😵 un simple mortal…

TRASH HAPPENING

Imagina rescatar al amor de la basura,
y volverte un profesor que improvisa,
que toda ocurrencia se vuelva callejera,
que toda calle, aula,
que toda clase se haga urbana,
y poner las bancas de la escuela,
a mitad de la avenida,
porque la ocurrencia es oro,
mientras es tarde el dicho
y matiza la falta de talento,
un buen chiste para
explicar el chiste,
es unión adherible
de pasos futuros
y paso a paso
englobar de paso
multidisciplina,
sin reciclarla,
aún salida de la basura,
aún sin hacerla de tarde
aún salida del más viscoso,
inoportuno y bello alba.

NO OBJETUAL HAPPENING

Media tarde en los años setenta,
hay un folclore cumbiero,
donde las manadas se agrupan,
algunas por salto,
otras por supervivencia,
del alba baja el instante,
las manadas se congelan,
algunas por ambientar,
otras solo por reírse de la vida,
del folclor en la ciudad,
 de las mañanas agitadas
y las envolturas que se desechan
puestas en tortillas
para comerse un taquito de bienal,
la muerte de un performance,
un des-contexto,
poco descontento
para quitarle al objeto
el sabor de la duda,
pues murió el happening
quedando en la voz
de quienes despiertan muertos,
mueren por supervivencia
y mueren solo en manada, cuarteto, tribu,
pues el objetivo
es no hacerlo solo,
«unirse o morir»,
para ser efímeros,

y caer en grupo,
el traspasar
colectivo,
se come al hambre
bohemia, oxidada,
anticuada, tan viva
que mata de tedio,
que no vende un cuadro,
que pierde cazando,
en su habitación
y en cliché de invierno,
siendo el objeto,
la pieza única,
el cuadro de galería
que espera ser robado
y cotizarse en el secuestro,
solitario sin sabor de la calle,
el olor de la carne con aerosol,
de un asado de instalaciones,
de un boleado a los zapatos
y de un peine para el tirano,
un tamal de periódicos,
una lotería
con transeúntes,
las envolturas de un mercado...
morir que sea un chiste,
que sea un chicle
y no un cliché,
un instante,
de ese congelado,
y no un objeto,

un maniquí de mil pelucas,
un bocho intervenido,

y un happening mal efectuado,
guardado en la mente,
regresa al desecho urbano

QUE LOS BORDES SE DIFUMINEN

Una acción
en Lesbos
es efecto mariposa,
mil chalecos salvavidas
y dos pilares muertos, exiliados,
que sostienen
un banco neoclásico en Berlín,
hasta ahora nadie le ha explicado a Ai Weiwei
dónde están los bordes en el mundo,
él está extrayendo
ondas marinas
para adornarlas
en columnas y llamar
la atención del planeta,
si es posible, del universo.
Por eso, Ai Weiwei
conoce el dolor
de los confines
en cada aduana
y cada barrera,
pone una ola de mar
para calmar
el llanto con mareas lunares,
y con la sal
limpiar algunas lágrimas
de refugiados en las costas,
que llegaron de los aires
y exteriores presos,

desde Afganistán hasta Ayotzinapa
documenta el daño
de maremotos y regímenes
mientras lo siguen espías de China,
naufraga en Nueva York
a comenzar de nuevo,
renacer desde la asfixia,
pegando en lienzos públicos
un collage de sus pasaportes,
para no olvidar en cada vida
al exilio ambulante
que merodea de la mano
con la libertad, como
un vínculo amoroso abierto.
Ai Weiwei sabe
que habrán más guerras,
prisiones van a
destruirse y en fronteras
se harán crímenes,
habrán más excluidos,
refugiados, sobrevivientes
de los muros fantasmas,
nacerán bebés
condenados a prisión,
nacerán siendo adultos,
desde Gaza a Nigeria
abrazarán las minas en su cuna,
y las balas entre celdas,
Ai Weiwei cuenta sueños reclusos,
cuenta sus ropas colgándolas
en los museos,

y al final,
resulta que los trajes típicos
de todos los países,
son iguales,
pues todo el dolor,
    se viste con la misma ceda.

RODNEY GRAHAM TOMÓ CLASES CON FREUD, PESSOA Y NIETZSCHE, Y SALIÓ SIN ENTENDER

Como repetir una canción hasta el hartazgo
Inciso A): crea un personaje,
vuélvete idéntico a este,   enciérrate en tu espejo
Inciso B): da vueltas sobre ti, que ya no eres tú,
como cuando repites una canción varias veces,
hasta cansarte de todo, pero repites una vez más
Inciso C): desconócete,
al olvidarte de ti recorre un museo,
en cada sala y cada nivel, cómete en pedazos la atmósfera,
siembra en tu estómago el espacio.
¿Qué ideas absorbiste?
Inciso D): vuélvete más personajes,
en cada uno vas a perderte más de ti mismo,
sé todos los personajes a la vez,
al mismo tiempo,
mézclalos con música, con teoría, con un poco de café,
Inciso E): bucle de tiempo,
el museo se vuelve espiral,
como si se estuviese volviendo el Guggenheim,
deposita a cada personaje,
dales un trauma distinto,
un *soundtrack* diverso a cada uno,
y repite, repite tantas veces el camino,
al fin que ya estás perdido,
desde que iniciaste
Inciso X): ve al baño de cada piso,

seguro cagarás lapsos infinitos,
de tus desechos haz vídeo,
uno por cada nivel
Inciso Ω): cada vídeo proyectado
camina en circular, proyecta traumas constantes,
Inciso K): destruye un instante y con suerte será eterno,
en cuál estás actuando, y en cuál eres percepción,
en dónde un personaje que creaste está soñando con otro,
o tal vez contigo,
Inciso Z): tus personajes se cansaron de ti,
Inciso T): crees que va a ser tu final
Inciso Ñ): pero tan solo es el principio
Inciso V): nunca hay punto final
porque sigues leyendo en orden,
y vuelves a leer, caminas sin cansancio,
caminas y te detienes, vuelves al andar, te cansas sin ver
la salida, todo es siempre principio y volver a comenzar,
es más simple de lo que crees.

Repetir esta canción hasta el hartazgo

OROXXO 2:00A.M.

Los museos no abren de noche,
                    Lo que sobró del consumo
los Oxxos no suelen abrirlos,
                    es leche quemada,
hasta al fondo,
                    el detergente que no sirve para
tras el telón está
                    lavar los poemas,
todo aquello que la vida
                    una etiqueta de Gabriel Orozco
deja atrás, lo que desecha.
                    que no sirva ni para el descuento
Son las 2AM, hora en la
                    mafiosos,
que llegan todos los que
                    vagabundos
de día no pueden visitar
                    cruzados
un museo, por oficio o
                    templarios,
por drama, tal vez
                    demonios,
por exceso:
                    sin sueño(s)
poner un Oxxo
                    Lo complejo es
en un museo
                    que los compradores
es fácil.
                    lo entiendan;
ya sea por registro, argumento
                    o código de elegía.

¿QUIÉN SE LLEVÓ MI BANANA?

¿Quién fue? ¿Quién se la llevó?
Preguntaba en medio del Guggenheim la Interpol
alguien se llevó la banana
y con ella 130.000 euros, 6.2 millones de dólares,
la banana más cara del mundo,
pegada con palabras y una cinta gris
que al ser arrancada
hizo amanecer una cinta perimetral,
la fruta había desaparecido,
un alimento rico en falacia
conservado en subastas
e imposible de pudrirse o madurar.
¿Quién fue? ¿Quién se llevó la banana?
Preguntaban el FBI y la AFI,
se han llevado la receta ,
la etiqueta del mercado,
el perímetro del arte,
¿y ahora qué nos queda?
Solamente el telón del absurdo,
la pared descarapelada, una deuda de risas
para coleccionistas
y un fracaso seguro a la moral.

ESTO NO ES UN POEMA
(Y NO SIRVE PARA NADA)

Qué fácil dimensión
esto de que esto no es poema,
ni será una pipa
o urinario en galería,
y por estar ya perdura,
no va a salvarte
a sacarte de la cárcel,
o a pagar impuestos,
en vez de dar dinero
va a quitarte el tiempo mientras
lo estás leyendo,
pero alguien tuvo que morir
para que vivas entre líneas,
aunque perdiendo,
pues el poema es eutanasia
que para Roland Barthes y Zigmunt Bauman
«respira eternidad», que vive entre muertos,
un fallecer imaginario,
estropea lo útil
y le da sentido a la vida,
lo roto que vive universal.

CINDY SHERMAN SE ENCUENTRA CON BOB FLANAGAN EN EL CONSULTORIO

Este cuerpo no fue mío,

nunca lo fue
y aún así lo respiro
apropiándome de su dolor,
como los creadores se apropian
de nostalgias hacia metas,
y el espectador de los morbos,
soy capaz de olvidar mi cara,
de clavar mis pezones entre curas y ganchos de
metal
porque peor dolor
que el social no existe,
te obliga a posar
con alma desfigurada
para una selfie
o un vídeo de Nine Ich Nails
y colgar lo que más te duele
en el MoMa, el Metropolitano, o en un telón de Broadway,
objetualizar el dolor ajeno,
y el propio volverlo
un examen de *Land Art*,
una voz en *body painting*,
en pieza *kitsch*, *Art Nouveau*, *Art Deco*, el más puro Arte Pop,
y el caer de lágrimas, como aplausos, cual bombas al tercer
mundo,

y tu agonía
coronada en la bienal.
            Este cuerpo no fue mío
            y aún así depilo sus escamas,
              entregándolo a la imagen,
                entregando sus partes
                mutiladas al proceso,
dejando que los cuervos
devoren la carroña
de color neón,
y bajo el cinismo
inventen que la foto
es la enfermedad,
para hacer consultorios
minimalistas, suprematistas,
de blanco sobre molestia:
   en el interior solo hay ucronías
   placebos de púas
imprimir los alivios;
      y que este adolorido, cansado, propositivo,
      mutilado, incompleto, operado, provocativo
      y urbano cuerpo siempre fue de todos,
                  pero nunca mío.

BANKSY Y FRANCIS ALŸS ROBAN
UN MUSEO

Primero robaron los bordes,
Francis Alys en forma de zorro,
Banksy en forma de elefante.
Después robaron la noche,
el túnel de gala
y los paseos de la fama,
succionando con popote
la alfombra roja,
saltaron las obras,
sin embalaje,
quedando desnudos todos
y cada uno de sus conceptos,
sus jugos vulnerables;
   al filo del arresto,
de llevados a las cortes,
   Banksy y Francis Alÿs
volvieron a sus formas comunes,
 las de huir
al lugar común
para esconderse
tras extintores,
   que los críticos
confunden con
el robo,
gozaron fama de ladrones,
incógnitos,
 por la secuestrada alfombra roja,

de los restos del Lourve, el Moma,
de la Galería Nacional de Londres,
de tantos bordes robados
bordaron su gran estafa,
el mayor robo de arte,
volverse tazas, llaveros, expectativa,
recuerditos anarquistas y
tesis de maestrías,
sustituyendo
piezas de la noche,
para ser colección privada
del imaginario colectivo,
de histeria vencida,
invirtiendo en su secuestro,
tristemente, los papeles se invirtieron.

DERRUMBE

Entre crear y destruir
   hay una línea corta
y en ella se escapa un derrumbe,
donde todo se había puesto,
se ha caído,
   ahora los stickers,
carteles y juego de parches,
que se adherían al concreto,
se sostienen al aire,
 la lluvia no los tira…
pero el derrumbe es necesario,
el derrumbe es el escape,
salida próxima
que huye al tiempo
y al fraude.
   Lo que queda es
mirar a la alborada
   y recoger
los pedazos de ayer,
soportar como caen
   los bloques hoy,
soportar cómo está cayendo
el mundo, pero no a pedazos,
   cae más bien del cielo como
las notas de música
temblando en videoinstalación,
 caen cual pentagramas,
nacen pantallas enormes,

trasmitiendo porvenires,
.s
....e
..c
.a
...e
lo sólido y se salva una lechuga entre dos piedras, una
 banana con cinta gris, una Mona Lisa de Mermelada,
 se salva todo aquello que ya se va a pudrir...

ESCOMBROS

Preocuparnos
por la muerte
nos hizo olvidar
cómo se muere,
y ahora toda
oportunidad
de verla
a los ojos
se escapó,
en posible marco
de vida,
o supervivencia,
por seguir dudando,
mientras, bajo el temblor,
hay preguntas nuevas
que no se escuchan.
En lo lumpen
no llega la lluvia,
ni gotas
de memorias o
guerras pasadas,
pero los de abajo sí recuerdan
 AUN en silencio,
siendo profundo,
TAN profundo el silencio,
que apenas
llena las cuencas
en el hondo

de las estrellas.
En los escombros
pueden no solo brotar
más preguntas
sin lluvia,
podrían también
florecer respuestas,
ecosistemas
secretos respiran
a la luz opaca,
sonidos ciegos
y resonancias:
un dibujante virtual
que nadie nota en
las redes sociales,
un pintor volviendo
a otros caballetes,
o más cinceles, estiques,
o un tipo de creador
que no conocemos,
de un color
sin descubrir,
de una forma
insólita,
que es bastidor
pero sin bordes,
que es imprimatura
sin capas,
sonido,
de invisible cacofonía,
estética o retórica,

y para la crítica
resuena
a lo que
no debió de ser,
resonar
a que todo lo que luce en su silencio,
en el silencio mismo lo condena,
toda marca invisible,
se trafica y no se vende,
en el mutismo
viven las alturas,
se respira la
calma de estar
sepultado,
en las alturas
está el subsuelo
líquido,
algún día
se hará voz de gel,
se hará de futuro,
  se
    tomará
       en
            serio al espacio y
        sobre todo al respeto,

no jugará con el espectador,
pero al cerrar
estas páginas de arrase,
no estaremos listos
para ver lo que viene,

lo que vive
debajo y siempre…

ÍNDICE

Mientras el silencio se cuartea 11

El simulacro inquietante 13

Asalto a media noche 15

Trazo un poema, escribo un dibujo 18

Light 19

Muerte por argumento 20

El mito de Sísifo según 21

Caducidad de la fe 24

De qué hablo cuando hablo de postmodernidad 26

La Venus de Emergencia 28

Tripofobia 29

Rondan los espejos en la feria 31

Nada 33

Cremaster 6 35

Memento mori 36

Fragilidad 39

Rosa británico 42

Hay alguien tras de mí esta noche 43

Haus U r 45

El genoma fosforescente 47

La pieza incompleta 49

Zona P. 50

La mamá de las arañas 52

Contrastes en exceso 54

Multimedia Play 56

Trash happening 58

No Objetual happening 59

Que los bordes se difuminen 62

Rodney Graham tomó clases con Freud 65

Oroxxo 2:00a.m. 67

¿Quién se llevó mi banana? 68

Esto no es un poema 69

Cindy Sherman se encuentra con Bob Flanagan 70

Banksy y Francis Alÿs roban un museo 72

Derrumbe 74

Escombros 76